A LA MÉMOIRE

DE

EUGÈNE LONCKE

IMPRIMÉ PAR L. DANEL, A LILLE.

M DCCC XCI

A LA MÉMOIRE

DE

EUGÈNE LONCKE

IMPRIMÉ PAR L. DANEL, A LILLE.

M DCCC XCI

A LA MÉMOIRE

DE

EUGÈNE LONCKE

Rien n'aurait plus effarouché l'esprit juste et le bon goût de notre ami, que la pensée d'avoir un biographe; mais rien n'aurait flatté davantage son cœur bienveillant pour tous, que l'assurance des regrets de cœurs unanimes. Dans ce sens, on peut dire qu'Eugène Loncke a rempli tout son mérite, selon l'expression classique et nous ne nous rappelons guère d'hommes ainsi pleurés, ni dont la bonté justifiât mieux ce concert de tristesses.

Il savait le peu que valent les apologies de commande et tant d'autres distinctions devenues des articles de commerce. Par contre, il savait aussi la valeur infinie des prières intérieures, et des pleurs dans l'ombre.... ces pleurs que sa pitié prévenante a souvent séchés, et que l'on a vus se répandre à l'annonce de sa mort.

A toutes les renommées, il aurait préféré sans doute:

« *Un nom inachevé dans un cœur qui se brise.* »

Que d'infortunes par lui consolées, ont entrecoupé l'autre

jour dans les sanglots, son nom de bienfaiteur toujours prêt à guérir leurs peines !

Dans un âge, où l'expérience des deuils se répète assez chaque semaine, pour nous offrir un rappel et une leçon, en même temps qu'un chagrin, la mort d'Eugène Loncke nous a frappés, nous les amis de toujours, et même ses nombreuses relations d'homme du monde, mêlé à de grandes affaires, comme un dommage personnel, comme un vide sombre dans la galerie des figures qui nous paraient encore la vie. On nous a dit, nous avons vu de nos yeux que notre impression était générale.

Nous pouvons seulement saluer de notre respect, la profonde douleur de celle qui fut la digne épouse de notre ami, par la qualité de l'intelligence et des sentiments ; mais il nous est permis de rappeler quels échos rencontra partout où se fit connaître Eugène Loncke, l'émotion du coup fatal qui nous l'enlevait. Elle vient d'avoir pour interprêtes qualifiés, le Directeur de la grande Compagnie dont il avait recueilli dans l'héritage paternel, la représentation demi-séculaire, et le chef du personnel de l'agence de Lille. Nous n'aurions garde d'omettre le dernier adieu de l'officier de cavalerie, que l'on ne s'est pas étonné d'entendre parler au nom de ses camarades militaires, devant la tombe d'un homme qui possédait tant d'amitiés reconnaissantes dans l'armée.

N'avait-il pas, au reste, bien guidé par ses sympathies innées, trouvé le meilleur et le plus honorable des fils dans le jeune soldat, devenu son gendre ? Sa dernière lettre, ne nous confiait-elle pas sa joie et sa fierté, à propos du nouveau ménage ? La douleur de ce fils d'élection, ne montre-t-elle pas dans un très beau jour le cœur qui l'a inspirée et celui qui l'éprouve ?

Combien d'autres bénédictions anonymes et de secrètes larmes qui n'auront pas accompagné moins fidèlement notre ami, jusqu'au terme redouté ! Pas redouté de lui, cependant. Il avait fait l'apprentissage de l'heure qui nous guette à toute heure.

L'une de ces dernières années, son œil presque éteint crut ne plus revoir ceux qu'il aimait, et la religion dont il fut toujours le pratiquant fidèle, lui avait déjà dit ses paroles suprêmes.

Il revint alors de ce seuil du passage terrible. Sans doute à l'observer de près, sous l'aspect souriant et la tenue parfaite, on percevait l'étreinte d'un mal cruel. Comme ce mal porte un nom, que l'on a prétendu synonyme de la longévité — payée cher, j'en conviens — nous espérions beaucoup d'années encore pour cet homme utile et fraternel aux malheureux. Aussi fûmes-nous brusquement saisi lorsqu'étant allé prendre à la Compagnie des nouvelles que nous attendions meilleures, on nous apprit la nouvelle irréparable. Nous vîmes alors comme nul n'échappait au don de bienveillance et de courtoisie de notre ami, puisque dans le personnel officiel et méthodique d'une grande administration parisienne, sa perte provoquait des paroles émues.

Nous avons beaucoup aimé Eugène Loncke. Des visions de la première jeunesse, des rencontres d'autrefois chez de vieux parents, formaient entre nous le magique lien que les réunions ultérieures de la vie ne sauraient connaître. Tel, je le revois à quinze ans, mon aîné, — mais, si cordial, — dans ce cadre de verdure et d'arbres, où nous avons grandi, tel je le revoyais cet hiver même, toujours prévenant, inquiet pour les autres, jaloux seulement de faire valoir ceux qui ne le valaient pas, ayant plus d'esprit et de culture que ceux dont il vantait la conversation et les études.

Aux belles aspirations, il joignait la clairvoyance. Il ne croyait pas au prétendu passé des vanités risibles, ni au lendemain éternel des millions. Il ne tenait pas la richesse et le bon numéro social pour un but, mais pour un mandat Il avait, pour quoi nous l'aimions surtout, les mérites qu'on ne célèbre pas dans les feuilletons et les chroniques, mais qui relèvent la vie du monde.

Enfin, il avait le don inestimable : la simplicité de cœur, qui, dans tous les états, constitue l'homme rare, l'homme qui fait honneur à l'humanité et qui lui fait du bien.

Notre amitié constante pour lui, — sans doute originaire du pays inconnaissable des sentiments spontanés dont l'amitié tire son mystérieux charme, — s'appuyait sur une estime raisonnée. Elle s'entretenait, ajouterai-je, bravant le ridicule de toute définition de soi-même, sur le goût très vif qu'il inspirait, chez nous, au curieux de l'être intérieur.

Sa nature morale nous intéressait. Dans le gentleman accompli, nous trouvions un original, au sens louangeur du mot. Sa sollicitude gracieuse envers les autres, sa déférence pour les plus minces talents, sa politesse naturelle, recouvraient un esprit libéral, par quoi j'entends l'homme qui pense de soi-même, irréductiblement, et fait la part des adversaires dans son opinion désintéressée. Pour l'autre façon d'être libéral, qu'il pratiquait sans cesse, sa mémoire ne sera pas louée, mais seulement bénie.

Comme toute vraie bonté, la sienne était ombrageuse et digne. Une offense à la justice, à la bonne foi, le trouvait prêt à la riposte avec une ardeur qui pouvait surprendre les témoins ordinaires de son affabilité, mais éloignait aussi du coup l'idée de douceur banale.

Si l'on nous demandait compte d'avoir cru mettre un éloge dans ce terme conventionnel de « parfait gentleman », voici notre réponse qui nous est fournie, doublement définitive, par la patrie même du mot. D'après lord Chesterfield du siècle dernier, et le cardinal Newman du présent âge, *gentleman*, veut dire essentiellement l'homme de cœur excellent et d'excellentes manières, toujours prêt à s'effacer lui-même pour le bien-être et l'agrément des autres. Tout Eugène Loncke est dans ces mots.

Choyé par la famille, l'amitié, la fortune et le monde, il ne s'est pas cantonné dans ses joies personnelles. Toujours il eut le souci des humbles, des faibles, des souffrants, des abandonnés. Il ne s'aveuglait sur le prix d'aucun avantage humain. Il n'admettait pas que l'on se crût d'une espèce à part, pour appartenir à tel groupe, telle profession.... à tout ce que chaque année d'un siècle voit modifier dans un roulement plein de conseils philosophiques. C'était un plaisir qui va nous manquer, de remuer avec lui ces notions en des entretiens où les nuances diverses de nos idées se fondaient dans l'harmonie du même principe.

Ces lignes nous ont été tristes à tracer. Elles rompaient l'illusion qui nous laissait croire à l'apparition possible de notre ami, quand nous passions hier encore, dans telle rue, devant telle maison, champs habituels de nos rencontres. Fermant les yeux, nous entendions encore sa parole, dernier écho d'un monde évanoui. Désormais, loin de l'oublier pour cela, nous ne repasserons plus devant ces mêmes coins de Paris ou de Lille, sans évoquer l'image d'un homme dont l'extrême charité met en tort un dicton vulgaire et nous montre cette fois, *le mieux... ami du bien*, sans nous dire enfin qu'il y a depuis la mort d'Eugène Loncke une belle âme de moins sur la terre.

Louis DÉPRET.

Aussitôt que la triste nouvelle de la mort de M. Loncke fut connue à Lille, le *Nouvelliste* publia en ces termes un article nécrologique :

« La mort de M. Eugène Loncke, que nous avons annoncée mardi, laissera dans les rangs de la société lilloise un vide difficile à combler.

» Ame vraiment élevée, d'une droiture et d'une délicatesse à toute épreuve, intelligence vive, imagination éprise de l'idéal, nature éminemment distinguée, M. Loncke réunissait à un degré supérieur les qualités qui font l'homme du monde séduisant et l'ami précieux.

» Jamais, on le dira sans flatter sa mémoire, jamais personne n'apporta dans les relations sociales une amabilité plus raffinée que la sienne, et, si les services qu'il a rendus sont innombrables, il a su encore, par son exquise bonne grâce, en doubler le prix aux yeux des obligés.

» Ce parfait gentleman était, de plus, un croyant sincère, qui, tranquillement et sans peur, affirmait et pratiquait sa foi.

» Et c'est cette foi chrétienne qui, stimulant sa générosité native, en avait fait une charité ardente, toujours prête, toujours dévouée, sans hésitation comme sans ostentation ; on peut dire de M Loncke que sa main gauche ignorait les bienfaits de sa main droite, et si ceux qui l'approchaient ont admiré son amour du pauvre, Dieu seul, pourtant. sait toutes les infortunes qu'il a soulagées et les larmes qu'il a taries.

» Aussi cette mort est-elle un deuil cruel, non seulement pour la famille et les amis, si nombreux, de M. Loncke, mais encore pour tous ceux qui jamais n'ont fait appel, en vain, à l'inépuisable bonté de son cœur. »

Le même journal publia, le jour des funérailles, l'article reproduit ci-après dans lequel ont été intercalées les paroles prononcées au cimetière :

« Samedi, à midi, ont été célébrées en l'église de Sainte-Catherine, les obsèques de M. Eugène Loncke, directeur particulier de la Compagnie d'Assurances générales.

» Le corps, ramené de Nice, avait été déposé dans la chapelle de persévérance, où le clergé est allé le chercher processionnellement pour le conduire au catafalque. Une foule immense remplissait la vieille église, foule d'amis accourus de partout pour rendre les derniers devoirs à cet homme de bien, universellement aimé.

» Le deuil était conduit par M. le capitaine Mercier, gendre du défunt, officier d'ordonnance du général commandant le 6e corps d'armée à Tours, par ses beaux-frères, MM. Masquelier et M. Eugène Verstraete.

» Puis venaient M. Le Roy des Barres, directeur de la Cie d'Assurances générales contre l'incendie, M. Lasmolles, directeur de la branche fluviale et tout le personnel de l'agence de Lille.

» Après l'absoute donnée par M. le doyen, le funèbre cortège s'est mis en marche. En tête, un groupe d'enfants, appartenant aux maisons des frères de la Doctrine chrétienne, dont M. Loncke était le bienfaiteur, portaient les nombreuses couronnes qui avaient été envoyées de tous les coins de la France à la mémoire du cher défunt.

» Nous avons remarqué particulièrement la splendide couronne envoyée par les officiers du 19ᵉ chasseurs, celle de la Cⁱᵉ d'Assurances générales, celles des employés, des serviteurs et plus de trente autres, en perles, en fleurs naturelles, en immortelles.

» Sur le bord de la tombe, trois discours furent prononcés : le premier par M. Prévost, le chef du personnel de l'agence, qui, simplement, mais en termes excellents dictés par le cœur, a dit un adieu déchirant à ce patron qu'il servait depuis plus de vingt ans.

» Voici dans quels termes s'est exprimé M. Prévost :

« Messieurs,

» Je ne voudrais pas laisser fermer cette tombe sans
» rendre un dernier hommage public à celui que nous pleu-
» rons tous.

» Une parole, certainement autorisée, a déjà retracé dans
» les journaux la vie toute de charité et de bienfaisance de
» M. Loncke. Mais nous, ses collaborateurs depuis plus de
» vingt ans, qui étions admis dans son intimité, nous pouvons
» ajouter que l'on ne saura jamais tout le bien qu'il a fait.

» Sa famille perd en lui un époux aimant, un père dont la
» préoccupation incessante était l'avenir de ses enfants.

» La Compagnie d'Assurances générales, dont il était le
» représentant depuis près de quarante ans, perd un colla-
» borateur dévoué et intelligent. Ses Directeurs l'aimaient
» d'une amitié sincère et leur démarche d'aujourd'hui nous
» le prouve suffisamment.

» Nous, ses employés, qui, avec juste raison, lui étions
» cordialement dévoués, nous perdons, non pas un patron,
» mais un ami, un père, oserais-je dire, dont le bonheur était
» de nous encourager, de nous donner de bons conseils,
» pour nous et nos familles, s'intéressant à tous nos besoins.

» Aussi, est-ce le cœur brisé que nous venons lui dire un

» dernier adieu, et avec une peine d'autant plus grande,
» qu'il ne nous a pas été possible de le revoir avant sa
» mort et d'avoir de lui une dernière parole d'amitié.

» M. Loncke, votre mémoire restera gravée dans nos
» cœurs, nous la perpétuerons, si Dieu nous le permet, en
» suivant vos traditions d'honneur, de droiture et de déli-
» catesse, qui avaient fait de vous l'homme que tout le
» monde respectait et que nous regrettons tous aujourd'hui.

» Que Dieu, dont vous avez été le fidèle serviteur sur la
» terre, vous admette au rang de ses élus, en attendant
» l'heure qui nous permettra d'aller vous retrouver.

» Adieu, cher Monsieur Loncke, adieu. »

» M. Le Roy des Barres s'est avancé alors, et à la mémoire « de son ami fidèle, le compagnon de sa carrière » il a adressé ces quelques mots entrecoupés par les larmes :

« Messieurs,

« Puisqu'on élève la voix sur la tombe de celui que nous
» pleurons tous, quoique brisé par la douleur, je ne veux
» pas la laisser fermer sans dire aussi un mot d'adieu.

» Vous venez d'entendre les regrets si touchants de ses
» employés, c'est que ceux-là connaissaient bien la grandeur
» de son âme et la générosité de son cœur, qui faisaient de
» notre ami un homme unique, exceptionnel. Oui, il n'était
» pas heureux, tant que ceux qui l'entouraient ne l'étaient
» pas : son bonheur, c'était celui des autres.

» Quant au Directeur, venu ici pour lui rendre un hom-
» mage tout particulier, il peut, il doit dire que la Compagnie
» perd en M. Loncke un de ses collaborateurs les plus pré-
» cieux : je me sens impuissant pour l'exprimer.

» Mais à quoi bon parler, cher ami, que je pleure ici, que
» nous pleurons tous, tes actions ne parlent-elles pas pour

» toi, repose en paix dans la paix éternelle, où Dieu nous
» fera, je l'espère, la grâce de nous réunir.

» A bientôt. »

» Enfin M. le capitaine Le Villain a prononcé les paroles suivantes, au nom des amis militaires de M. Loncke, qui ont toujours trouvé en lui tant de dévouement et d'affection :

« Messieurs,

» Monsieur Loncke n'était pas militaire, mais il avait dans
» l'armée des attaches profondes par ses alliances, ses ami-
» tiés et ses relations.

» Ses amis du 19ᵐᵉ chasseurs, régiment de la garnison de
» Lille, dans lequel M. le capitaine Mercier a servi de
» longues années, m'ont prié de les représenter pour dire
» le dernier adieu à celui qui fut pour eux un ami bien-
» veillant et sûr.

» Je veux aussi me faire l'interprète des officiers de tous
» les grades et de toutes les armes qui, pendant plus de
» vingt-cinq années, ont été reçus dans l'hospitalière
» maison du boulevard de la Liberté. Emportés par les
» pérégrinations de la vie militaire et dispersés aux quatre
» coins de la France, ils me sauront gré, j'en suis sûr, d'avoir
» rappelé leur souvenir en ce jour de deuil.

» Vous connaissiez tous sa courtoisie parfaite, je dirai
» même très rare, son accueil toujours affable ; ce que vous
» savez peut-être moins, parce que sa modestie était
» extrême, c'est la délicatesse avec laquelle il faisait le
» bien. Il était, avant tout, homme d'honneur et homme de
» charité. Permettez à moi qui fus l'ami intime des dix
» dernières années de sa vie, de vous citer un fait entre
» plusieurs mille pour vous montrer cet homme tel qu'il était
» dans son immense bonté :

» Un colonel l'entretenant un certain jour des pauvres

» qu'il soulageait, lui disait que, le matin même, il avait
» découvert une femme dans la plus profonde misère.
» Avant la fin de la journée, ce colonel recevait une lettre
» cachetée contenant une forte somme, avec la simple mention : « Pour vos pauvres. » Le généreux donateur n'était
» autre que Monsieur Loncke.

» Au surplus, Messieurs, tout ce que je vous raconterais
» serait bien pâle auprès de ce qui vient d'être dit à la porte
» de l'église Sainte-Catherine : une pauvre vieille femme,
» les yeux mouillés de larmes, regardait sortir le corps de
» notre ami ; passant près d'elle, je l'entendis qui murmu-
» rait entre ses lèvres contractées :

« Voilà un brave homme qui s'en va. »

» La voix de cette femme, c'est la voix du peuple, c'est-
» à dire la voix de Dieu qui le juge aujourd'hui.

» Au nom des pauvres, des petits et des humbles, au nom
» de ceux qui sont venus vous accompagner, au nom de
» vos amis absents, mon cher Monsieur Loncke, je vous
» dis adieu. »

» Puis l'assemblée a défilé devant la famille, la cérémonie était terminée à deux heures.

» Il nous est impossible de citer même quelques-unes des personnes qui assistaient à ces obsèques, car toutes les notabilités du monde lillois étaient présentes. »

www.ingramcontent.com/pod-product-compliance
Lightning Source LLC
Chambersburg PA
CBHW060456050426
42451CB00014B/3352